Perles d'Elizabeth II et du prince Philip

Des mêmes auteurs, aux éditions Leduc.s Humour :

- ***Perles de Chirac*, 2019.**
- ***Perles de De Gaulle*, 2019.**
- ***Perles de Clemenceau*, 2018.**
- ***Perles de Churchill*, 2018.**

Correction : Valérie Gios
Maquette : Le Petit Atelier
Illustrations : Hélène Crochemore
Design couverture : Antartik
Photo couverture : Getty Images

10, place des Cinq-Martyrs-du-Lycée-Buffon
75015 Paris – France
ISBN : 978-2-36704-265-7

Frédéric Pouhier et Susie Jouffa

Perles d'Elizabeth II et du prince Philip

LEDUC.S
HUMOUR

Sommaire

«Bientôt, il n'y aura plus que cinq souverains sur Terre :
le roi de carreau, le roi de cœur, le roi de pique,
le roi de trèfle et la reine d'Angleterre.»

Hassan II

Introduction

Elizabeth II est bien plus qu'une souveraine, c'est un monument. Elle incarne quasiment, à elle seule, toute l'Histoire contemporaine du Royaume-Uni et du monde occidental. Incarnation vivante d'une institution millénaire, elle garantit la stabilité du Royaume-Uni en tant que démocratie depuis maintenant plus de soixante-sept ans. Un record ! « Dieu merci, nous l'avons » est une phrase que l'on entend souvent prononcée par les Britanniques à propos de leur souveraine. Particulièrement en ces temps troublés politiquement, le peuple envisage « ma'am » comme un point fixe, un phare dans la nuit des populismes, un ancrage et non un poids désuet. Pour l'écrivain et journaliste Robert Hardman, « Elle et sa famille cimentent le royaume. Les politiciens varient et trahissent, [les membres de la famille royale] signifieront la constance de nos liens. Ils seront très utiles après le Brexit. Charles, William et les autres continueront d'être dépêchés dans les pays d'Europe. Les Windsor contribuent, comme Shakespeare ou la BBC, à étendre notre influence ». Montée sur le trône à l'âge de 25 ans, la jeune, timide et inexpérimentée Elizabeth est devenue, avec le temps, la grand-mère du royaume, rassurante par sa présence et sa sagesse.

Écrire un livre sur la reine d'Angleterre n'est pas une chose aisée, et encore moins un livre d'humour. Le personnage public semble bien trop lisse et professionnel pour se laisser surprendre. La reine ne donne jamais d'entretien et n'exprime pas ses opinions personnelles en public. Dans la monarchie britannique, tout est prévu, orchestré, programmé, rien ne doit dépasser. Mais derrière la carapace, le poids de la couronne, le faste, et le lourd protocole royal, point chez la souveraine un humour *so british*, tout en esprit, en flegme et en autodérision.

Dans ces *Perles d'Elizabeth II*, vous trouverez des anecdotes insolites et 100 % véridiques sur la reine, le prince Philip, sa famille, la royauté britannique ainsi que leurs citations les plus drôles et émouvantes. Passons, si vous le voulez bien, devant les gardes royaux, les *Welsh Guards*, vêtus de leurs traditionnelles vestes rouge et coiffes à poils d'ours. Poussons les lourdes portes du palais de Buckingham, traversons les interminables couloirs ornés de peintures monumentales, apprêtez-vous à faire une révérence, nous avons rendez-vous avec la reine. *God Save the Queen !*

F.P.

Enfance royale

La future reine Elizabeth II est née par césarienne, le 21 avril 1926. Elle est la fille d'Elizabeth Bowes-Lyon et de son époux Albert, fils cadet du roi George V. Rien ne prédestinait la jeune « Lilibet » à monter sur le trône. Elle n'était, en effet, que le premier enfant du duc et de la duchesse d'York. Le duc étant le deuxième fils du roi George V auquel allait succéder tout naturellement le Prince de Galles, son oncle. Mais l'amour en décidera autrement. Le Prince tomba amoureux d'une Américaine, Wallis Simpson. Américaine et divorcée, c'en était trop pour la très conservatrice royauté. Il dut choisir entre l'amour et le trône, il choisit l'amour.

La jeunesse de la petite princesse Elizabeth aura été celle de toutes les petites filles d'aristocrates d'avant-guerre : élevée par une nurse, éduquée par des précepteurs et entourée de gouvernantes. Ce fut l'enfance heureuse d'une jeune fille insouciante et couvée par l'amour de ses parents et ce, jusqu'à ses 10 ans, lorsque son père devint roi et que le poids de ses futures responsabilités tomba sur ses frêles épaules.

Le 21 avril 1926, le ministre de l'Intérieur assista à la naissance d'Elizabeth comme à celle de tout nouveau-né de la lignée de succession royale, tradition remontant au « complot de la bassinoire » en 1688, année au cours de laquelle une dame de compagnie aurait échangé les bébés royaux.

Winston Churchill rencontrant la petite Elizabeth, alors enfant, dit d'elle :

« C'est une personnalité. Elle a le sens de l'autorité. »

Quand, enfant, l'on demandait à la petite Elizabeth
ce qu'elle voudrait devenir ou ce qu'elle souhaiterait faire
quand elle sera grande, la réponse était toujours la même :

« Je veux être un cheval. »

Et lorsque la petite ne voulait pas répondre à une question,
elle répliquait :

« Je ne peux pas vous répondre,
je suis un poney. »

Quand la future reine était enfant, le roi George V, son grand-père, jouait souvent avec la petite « Lilibeth », sa petite-fille préférée. Souvent contraint par la petite à se mettre à quatre pattes sur le tapis, elle lui montait sur le dos et tirait alors sa barbe, chevauchant le roi comme un cheval.

Enfant, Elizabeth demanda à sa nurse :

« Dites-moi, Crawfie, comment les gens tombent-ils amoureux ? »

Quand la jeune Elizabeth apprit que son grand-père, George V, était le roi, elle le surnomma : « grand-père Angleterre ».

Lorsqu'à l'âge de sept ans, elle rencontra le Premier ministre britannique, Ramsay MacDonald, elle lui dit :

« Je vous vois souvent en photo dans les journaux. L'autre jour, vous étiez à la tête d'un troupeau d'oies. »

Elizabeth a 10 ans quand abdique Édouard VII,
le 10 décembre 1936. C'est alors à la gouvernante,
Miss Amy Daly, que revient la tâche de faire comprendre
à la petite que son existence venait de basculer :

« Lorsque j'ai annoncé à Elizabeth qu'elle allait maintenant devoir vivre au palais de Buckingham, elle m'a regardée d'un air horrifié.
"– Quoi ? s'est exclamée la petite, vous voulez dire, pour toujours ? Nous devons quitter notre si jolie maison. Est-ce que tout cela n'est pas terriblement contrariant ?" »

À l'annonce de l'abdication de son oncle, les acclamations fusèrent devant le domicile du futur roi George VI. La jeune princesse Elizabeth s'enquit de cette agitation auprès d'un valet de pied qui lui annonça que son père était désormais roi.

« Est-ce que cela signifie que tu seras la prochaine reine ? demanda alors sa jeune sœur Margaret.
– Oui, un jour, répondit-elle.
– T'as pas de chance, la plaignit la cadette. »

Petite, découvrant les longs couloirs de Buckingham Palace :

« Les gens, ici, auraient besoin de bicyclettes. »

Selon ses biographes, la reine a reçu une éducation très stricte afin de la préparer à sa future charge. Levée à 7 h 30, couchée à 19 h 15, la jeune Elizabeth apprenait, entre autres, à rester assise plusieurs heures d'affilée… immobile. Et elle recevait un biscuit en cas d'exercice réussi.

Petite, elle donna un conseil à sa sœur cadette, Margaret :

« Si tu vois quelqu'un avec un drôle de chapeau, tu ne dois pas le montrer du doigt en riant. »

Elizabeth avait 12 ans quand elle donna cette réponse, très révélatrice de sa personnalité, à un professeur qui lui demanda ce qu'elle aurait voulu faire si elle n'avait pas été princesse :

« J'aurais aimé être une dame vivant à la campagne avec beaucoup de chevaux et de chiens. »

En pleine Seconde Guerre mondiale, la jeune Elizabeth insista pour entrer dans l'armée afin de participer à l'effort de guerre. Elle finit par intégrer les auxiliaires de l'armée de terre en 1945 et devint mécanicienne sous le matricule 230873. « Pendant tout le dîner, hier soir, elle nous a parlé de bougies », raconta, à l'époque, la reine mère à propos de sa fille.

À l'annonce de la victoire des Alliés en 1945, Elizabeth se promena incognito avec sa sœur Margaret dans Londres, épisode qu'elle décrivit dans une lettre :

« Nous avons été terrifiées à l'idée d'être reconnues, alors j'ai tiré la visière de mon képi sur mes yeux. Nous marchions dans les rues, une ligne de personnes inconnues se tenant par les bras et marchant dans (la rue de) Whitehall, portée par une marée de bonheur et de soulagement. »

La reine et la politique

Quand Elizabeth II est montée sur le trône à l'âge de 25 ans, le grand Winston Churchill était son premier Premier ministre. La reine en est aujourd'hui à son quinzième, treize hommes et seulement deux femmes. Figurez-vous que lorsque l'actuel locataire du 10 Downing Street, Boris Johnson, est né, la reine régnait déjà depuis 12 ans.

La Grande-Bretagne est une monarchie parlementaire, la souveraine n'a pas de responsabilité politique au sens premier du terme. En tant que chef de l'État, la reine doit rester strictement neutre politiquement. Selon les conventions, elle ne vote pas et ne se présente pas aux élections, mais elle est le symbole de l'unité de la nation. Elle a le pouvoir de nommer les chefs de gouvernement et d'accepter ou de refuser les demandes de dissolution du Parlement, elle est également chef des forces armées et, en théorie, elle a la possibilité de mettre son veto à une loi.

Si, en tant que chef de l'État, elle ne dispose d'aucun pouvoir décisionnel, elle veille à être informée de tout. Elle conserve la possibilité de mettre en garde le gouvernement, bien que dans les faits elle se contente de lire chaque année le discours-programme du trône que lui soumet le Premier ministre et d'apposer sa signature à la liste des personnalités à anoblir ou honorer. Mais, compte tenu de la durée de son règne – alors que les Premiers ministres se succèdent –, elle a acquis une expérience du monde politique qui lui octroie une influence certaine et un grand respect.

À la chute du Bloc Communiste, dans un monde en plein bouleversement où l'Ouest avait enfin gagné la guerre froide, Elizabeth II donna à son pays un conseil plein d'humilité, dans son message de Noël, en 1991 :

« Ne nous prenons pas trop au sérieux. Aucun d'entre nous n'a le monopole de la sagesse. »

Au lendemain du vote du Brexit, en 2016, le Premier ministre nord-irlandais demanda à Sa Majesté comment elle se portait :

« Je suis encore en vie en tout cas ! »

Churchill fut le premier Premier ministre de la toute jeune reine. Il fut très vite impressionné par le sérieux et l'investissement personnel dont celle-ci, à seulement 26 ans, faisait preuve dans l'exercice de ses devoirs. Le vieux lion avait déjà été bluffé par son courage pendant la bataille de Londres quand elle n'hésita pas, comme lui, à se mettre en danger pour soutenir le moral des Londoniens. Leurs rendez-vous hebdomadaires du mardi avaient tendance à se prolonger au-delà des trente minutes conventionnelles car Churchill partageait avec elle la passion des chevaux et des courses. Mais si leurs entretiens s'éternisaient, c'était aussi parce que celle-ci se délectait des enseignements de son mentor qui avait une formidable connaissance en matière de politique nationale et internationale. Elle se délectait également des récits de ses aventures passées ainsi que de ses exploits de jeunesse en tant que joueur de polo.

À propos de sa relation avec ses Premiers ministres :

« Ils se confient, ils me disent ce qui se passe et, en cas de problème, ils me le font savoir, et il arrive que l'on puisse les aider. Ils savent qu'ils peuvent se montrer impartiaux, en quelque sorte. On aime penser à moi comme à une sorte d'éponge. Parfois l'on peut donner son point de vue. »

« La reine n'est ni de gauche ni de droite. Elle met tous les politiciens dans le même sac. »

- Edward Fox, conseiller à Buckingham entre 1952 et 1967 -

La reine, ironisant sur la voix de Margaret Thatcher qui, pour masquer ses origines modestes, prenait un accent bien trop snob :

« Son accent tient de la prononciation standard au sein de la Royal Shakespeare Company dans les années cinquante. »

Pour les Premiers ministres, l'entretien hebdomadaire avec la souveraine dans le petit salon cosy du palais, « The audience room », n'a rien d'une simple formalité, confia un ancien locataire du 10 Downing Street à la journaliste Isabelle Rivère :

« Vous savez, ce moment passé avec la souveraine est le seul où j'ai enfin la possibilité de parler avec quelqu'un qui n'a pas envie de me piquer mon job. »

À propos des entretiens hebdomadaires entre la reine et Margaret Thatcher, un intime du palais raconta :

« Les audiences du mardi se déroulent dans une ambiance tellement glaciale que les mouches qui volent dans la pièce auraient besoin d'un cache-nez et de trois paires de chaussettes de laine. »

La reine sait parfaitement faire passer des messages tout en gardant sa réserve. Ainsi, en plein débat à propos du Brexit, en juin 2017, pour son discours d'ouverture du Parlement, Elizabeth II porta une robe et un chapeau d'un bleu parfaitement identique à celui du drapeau européen et, au lieu de sa traditionnelle jardinière, elle arbora des étoiles dorées épinglées à sa veste, signe de son soutien aux pro-européens.

En 1980, elle demanda au ministre des Affaires étrangères, Peter Carrington :

« Pensez-vous que Madame Thatcher va changer ?
– Jamais, répondit, résigné, le ministre. »

Au fil des rencontres entre la reine et « Miss Maggy », l'atmosphère se détériora. Au lieu de se soucier des conseils de son interlocutrice couronnée, la Premier ministre noyait la souveraine sous un flot de paroles… sans compter le ton à la fois autoritaire et doucereux de la Dame de fer qui horripilait Elizabeth.

Toujours à propos de Margareth Thatcher, passablement agacée, elle confia à un proche :

« Mrs Thatcher n'écoute jamais un mot de ce que je dis. »

Douglas-Home, Premier ministre de 1963 à 1964, parlera de ses réunions hebdomadaires avec la reine comme de « la visite d'un élève espiègle convoqué par une directrice d'école réputée pour sa sévérité ».

L'ancien Premier ministre, James Callaghan, résuma ainsi la relation des chefs de gouvernement avec la reine :

« Elle est attentionnée mais ne vous donne jamais d'amitié. »

Elizabeth II confia à Malcom Rifking, alors ministre des Affaires étrangères britannique :

« Le Shah d'Iran m'a demandé si j'avais plus d'années avec des Premiers ministres travaillistes qu'avec des Premiers ministres conservateurs. Je lui ai répondu que je n'en avais pas la moindre idée, tout simplement parce que moi-même je ne m'étais jamais posé la question. »

En 1974, Tony Benn, alors ministre des Postes
et Télécommunications, proposa à la reine de remplacer
son effigie sur les timbres postes par celles de tous les rois
et reines depuis Guillaume le Conquérant.
Réponse de la souveraine :

« Intéressant, Monsieur Benn. »

À son départ, un seul coup de téléphone de Buckingham
régla l'affaire. L'ancien ministre raconta :

« Quand je suis arrivé
à mon bureau,
quinze minutes
après avoir quitté
la reine,
un message de
Harold Wilson
(le Premier ministre)
m'attendait : « Tony,
laisse tomber ».

En plein Brexit, alors que le pays traverse une crise politique et que Theresa May vient, à bout de forces, de démissionner, la reine reçut Boris Johnson, tout juste nommé Premier ministre. Elle confia au nouveau locataire de Downing Street :

« Je ne sais pas pourquoi qui que ce soit voudrait ce poste ! »

Le protocole et la vie aux châteaux

« La firme », c'est le surnom donné à la famille royale d'Angleterre par le prince Philip. Car, oui, la royauté est une véritable entreprise. Plus de 1 200 hommes et femmes sont employés au service, direct ou indirect, de la famille. Quand on travaille pour la maison de Windsor, on travaille pour la firme. « Les règles y sont strictes et celui qui les enfreint est viré », résume Andrew Pierce, chroniqueur royal au *Daily Mail*.

Chaque année, sa majesté reçoit plus de 50 000 personnes à l'occasion de dîners, réceptions, banquets, *garden-parties*. Son emploi du temps, prévu un an à l'avance, est millimétré, tout est organisé à la minute près. Bien qu'elle ait ralenti le rythme depuis peu, elle a, l'année dernière encore, participé à 293 manifestations officielles.

Vous allez le découvrir dans ce chapitre, la royauté britannique est dirigée par un protocole très lourd, intangible et, parfois, un peu désuet. La vie de château n'est pas toujours aussi rose que l'on pourrait s'y attendre.

Buckingham Palace, c'est, en quelques chiffres : **77 000** *mètres carrés,* **775** *pièces,* **1 514** *portes,* **760** *fenêtres et plus de* **40 000** *ampoules !*

Lors d'une *garden-party*, un invité posa une question à la reine Elizabeth II qui la laissa sans voix :

« Et vous, qu'est-ce que vous faites dans la vie ? »

Quand on lui demande pourquoi elle emporte partout son sac à main, même à l'intérieur de Buckingham, la reine répond :

« Vous savez, c'est une très, très grande maison. »

Le rituel est immuable depuis 1843. À 9 heures précises, et durant un quart d'heure, Alister Cuthberstron, en kilt écossais, joue de la cornemuse dans le jardin, sous les fenêtres de la reine. C'est donc au son de Sovereign Piper que commence systématiquement la journée de Sa Majesté.

Le petit déjeuner de la reine : toasts, marmelade d'orange, thé Darjeeling et céréales présentées dans un simple Tupperware. Son thé est servi avec un nuage de lait, mais du lait des vaches de son élevage de Windsor. Le prince et la reine petit-déjeunent en tête-à-tête, lui lisant le *Daily Telegraph*, elle le *Daily Mail* et le *Racing Post*, le journal spécialisé dans les courses de chevaux.

En Grande-Bretagne, ses initiales « ER » pour Elizabeth Regina, ornent les boîtes aux lettres rouges, les tentures de l'Opéra de Convent Garden ainsi que le costume rouge et or des hallebardiers.

La reine adore les marches militaires et garde toujours un enregistrement audio de ces marches qu'elle écoute dans sa Rolls-Royce.

Lorsque la reine embauche du personnel pour sa suite, elle leur dit :

« Faisons un essai de deux mois pour voir comment cela se passe ; et si l'un de nous ne supporte pas l'autre, nous nous arrêterons là. »

17 heures est l'heure sacrée du traditionnel *tea time*. Avec son thé, la reine déguste de petits sandwichs de forme octogonale ou triangulaire, les rectangles faisant trop penser, selon elle, à la forme d'un cercueil.

Toute cérémonie de mariage a ses contrariétés et ses stress de dernière minute. La reine Elizabeth II s'est vue offrir la tiare Kokoshnik, faite en 1919 pour la reine Mary, pour le jour de son mariage avec le prince Philip en 1947. Malheureusement, la tiare se cassa le matin même de la cérémonie. La faute au coiffeur selon le joaillier royal qui raconta que « La tiare fut escortée par la police jusqu'à l'atelier de la maison Garrard. Elle fut réparée le matin même et renvoyée à la reine qui put se marier en la portant. » La tiare se remit parfaitement de cet épisode, puisque la fille de la reine Elizabeth, la princesse Anne, la porta aussi le jour de son mariage.

*Un conseil, si vous êtes
invité à dîner en compagnie
de la reine, vous avez intérêt
à manger rapidement :
selon le protocole,
une fois qu'elle a terminé
son repas,
vous n'avez plus
le droit
de toucher
à votre assiette !*

Si vous avez, un jour, la chance de rencontrer la reine et de lui faire une proposition, sachez que si elle vous répond : « Êtes-vous sûr ? » cela signifie un refus définitif. « En quoi cela peut-il aider ? » veut dire que vous venez de proposer une idée des plus farfelues.

Durant les repas officiels, le protocole veut que la reine parle avec son voisin de droite durant l'entrée, avec celui de gauche pendant le plat principal et avec tous les deux durant le dessert.

Voici une info qui va, Mesdames, vous faire rêver. La couronne impériale est ornée de quatre rubis, onze émeraudes, seize saphirs et deux mille huit cent soixante-treize diamants.

Une coutume du XVIIe siècle veut que les profils des souverains figurant sur les pièces de monnaie changent de direction d'un monarque à l'autre. Le buste d'Elizabeth II regardant actuellement vers la droite, son successeur devra donc regarder vers la gauche. Il y eut cependant un léger raté en 1936 lorsque, succédant à son père George V qui regardait à gauche, le dandy Édouard VIII voulut lui aussi être représenté regardant vers la gauche, pensant que c'était son meilleur profil. Cependant, son règne dura moins d'un an et les nouvelles pièces n'eurent pas le temps d'entrer en circulation.

Radine la reine? Peut-être un peu. Dans les couloirs de ses châteaux, le petit personnel est prié de raser les murs pour ne pas marcher au centre des tapis afin de ne pas en user la trame.

Son cocktail favori est le même que feu sa mère : Gin & Dubonnet. Deux tiers de gin, un tiers de Dubonnet, une tranche de citron et beaucoup de glaçons.

En 1971, à l'âge de 45 ans, la reine contracta la varicelle. Elle resta cloîtrée à Buckingham de peur de contaminer les Londoniens.

Anglicane, la famille royale ne se mariait jusqu'ici qu'avec des anglicans. En 2011, en épousant Kate, William est allé à l'encontre de deux traditions. Il épousa une femme catholique et roturière. Mais tant que la souveraine l'accepte, tout va bien…

Lors de ses déplacements, seuls les policiers en civil sont autorisés par le protocole à garder leur veste ouverte en présence de la souveraine… au cas où ils auraient à dégainer rapidement leur pistolet.

Comme au temps des troubadours, la reine a un poète officiel à son service, nommé pour dix ans et membre officiel de la Cour. Actuellement, c'est Carol Ann Duffy qui occupe la charge. C'est la première fois qu'une femme obtient ce prestigieux poste depuis trois siècles.

Lorsque Elizabeth II souhaite écourter une conversation qu'elle juge ennuyeuse, elle a l'habitude de tourner et retourner sa bague plusieurs fois sur son doigt. Quand elle souhaite conclure une conversation, elle passe son sac à main d'un bras à l'autre. C'est le signal pour ses assistants qui signifie « ce type est ennuyeux, venez m'aider ». Quand la reine pose son sac à terre, c'est le signal qu'il faut cesser la visite ou cérémonie et qu'elle souhaite partir sur-le-champ.

Lorsque la reine dit à l'un de ses employés : « C'était une expérience intéressante », cela se traduit par : « Veillez à ce que cela ne se reproduise plus jamais ! »

La reine a deux anniversaires. Le jour de sa naissance, le 21 avril, et un second anniversaire au mois de juin lors du Trooping the Color, fête traditionnelle qui consiste à célébrer publiquement l'anniversaire officiel du souverain avec de grands défilés militaires durant les premiers jours d'été.

Un droit octroyé par une vieille loi éditée par Édouard II en 1324 prévoit que « le monarque possède, de fait, les baleines et esturgeons pris en mer, n'importe où dans le royaume ». Cette loi n'a jamais été supprimée.

Selon le protocole, vous ne pouvez pas tourner le dos à la reine. À la fin d'une conversation, c'est elle qui doit partir en premier pour vous tourner le dos, et non l'inverse.

À propos des banquets royaux, elle raconte :

« Nous mettons nos plus beaux vêtements,
tout le monde se met sur son trente
et un et nous sortons les verres en cristal,
la porcelaine fine et la vaisselle d'or.
Mais je tiens à dire que nous le faisons
pour l'occasion ; nous ne vivons pas
de cette façon au quotidien. »

La reine est la seule personne au Royaume-Uni à ne pas avoir besoin de passeport car chaque passeport y est délivré au nom de Sa Majesté. Ne pas avoir ce précieux document ne lui pose pas de problème. Sauf, une fois, en 1984, lorsque la reine se vit brièvement refuser l'entrée aux États-Unis par un douanier zélé qui exigea ce document.

Bien que conduisant depuis ses 18 ans, Elizabeth II n'a pas de permis de conduire. Un peu dans la même veine que pour le passeport, la reine d'Angleterre est exonérée de ce document officiel. Elle a cependant appris à conduire dans l'armée pendant la Seconde Guerre mondiale et adore conduire elle-même ses Land Rover.

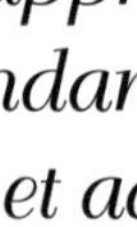

En 2008, le couple Nicolas Sarkozy et Carla Bruni, en visite d'État, est hébergé dans le château de Windsor. Le président français a raconté une anecdote à propos de ce séjour :

« La reine m'avait dit : "Écoutez, Président, je viendrais vous chercher à 20 heures précises." J'étais rentré et j'avais dit à Carla : "Je t'en supplie, quand la reine frappe à la porte, on ne peut pas être en retard." Donc on était prêt 20 minutes avant et on attendait derrière la porte. J'entends "knock, knock" et je dis "qui est-ce ?" et j'entends : "It's the Queen ! It's the Queen…" »

La reine posséderait, dans sa garde-robe, entre 150 et 200 sacs à main et plus de 500 chapeaux.

La reine Elizabeth II et George Washington, le premier Président des États-Unis, ont de lointains ancêtres communs. L'un d'entre eux est un noble français, Nicolas Martiau, qui, au XVIe siècle, a fui l'Angleterre pour vivre aux États-Unis.

À propos des familles royales scandinaves, vivant comme des familles lambda, dans la simplicité et la sobriété, Elizabeth II les qualifie, en privé, de « monarchies à bicyclette ».

Dans les palais royaux, même dans la salle de bains, il y a des règles pour à peu près tout. Ainsi, la longueur de la pâte dentifrice déposée sur la brosse à dents du prince Charles doit être de 2,5 centimètres.

La reine utilise une encre noire pour ses courriers officiels et une encre verte pour sa correspondance privée.

L'organisation de l'enterrement d'Elizabeth II a débuté avant même que son propre père, le roi George VI, ne décède. Ses funérailles ont le nom de code de « London Bridge ». Celui du prince Consort est « Fourth Bridge ». Et celui de la reine mère fut « Tay Bridge ».

Elizabeth II a été le premier souverain au monde à envoyer un e-mail. C'était le 26 mars 1976, depuis la base de la Royal Signals and Radar Establishment (RSRE), à Malvern. La petite histoire ne dit pas qui était le destinataire.

La reine possède son propre distributeur de billets, dans le sous-sol de son palais de Buckingham.

Tous les parents le savent : un doudou perdu est une catastrophe pour un enfant. C'est ce qui est arrivé, l'été dernier, à la petite Savannah, une Australienne de 5 ans qui visitait Buckingham Palace. C'est dans les couloirs du palais qu'elle a égaré Harriet, son petit singe. Émue par le chagrin de la petite, son institutrice a écrit une lettre, s'adressant directement à la reine d'Angleterre, pour demander si Harriet avait été retrouvé ou si c'était peine perdue. Et là, l'humour *british* a frappé. Le doudou allait fort bien et les employés de Buckingham ont fait mine de s'en être occupés à merveille. Photos à la clé, ils ont prouvé qu'Harriet avait eu droit à un traitement royal dans les travées du palais. Résultat, le personnel de Sa Majesté a renvoyé la peluche à sa jeune propriétaire vivant à 15 000 kilomètres de Londres.

Profession : reine

Voilà bien un métier auquel aucune formation professionnelle ne prépare vraiment, celle de reine ou roi d'Angleterre. Être reine du Royaume-Uni implique un nombre important de droits et de devoirs qui font de cette fonction un statut unique au monde. Représenter son pays et tout savoir des affaires du monde et de la Grande-Bretagne représentent, pour Elizabeth II, un travail quotidien. Dans des mallettes en cuir rouge siglées « QUII » en lettres d'or, elle reçoit tous les matins des rapports officiels, câbles diplomatiques et autres correspondances gouvernementales qu'elle lit et annote avec application.

Si l'on devait résumer la fonction de roi ou de reine en une phrase, ce serait : représenter pour mieux régner. Ce rôle, elle le fait à merveille. Son taux de popularité, même lors des nombreuses tempêtes qui ont émaillé la royauté, est resté au plus haut. François Mitterrand, l'ex-président de la République française, dira d'elle : « C'est une vraie reine. » Parmi tous les hommages, c'est sans doute celui qui l'a le plus touchée.

En 1992, dans un documentaire en l'honneur de ses quarante ans de règne, elle se confia sur les difficultés inhérentes à sa fonction de monarque :

« Il faut mûrir dans un rôle que l'on s'habitue à jouer et accepter le fait que c'est là votre sort dans l'existence. C'est un emploi à vie. La plupart des gens rentrent chez eux une fois leur journée de travail terminée, mais dans ce genre d'existence, votre métier et votre vie sont liés, vous ne pouvez pas vraiment les séparer l'un de l'autre. »

Exemple de sa retenue et de son flegme *so british* : lorsque la princesse Elizabeth apprit la mort de son père, le roi George VI, alors qu'elle était en visite officielle au Kenya, elle réagit avec calme et s'excusa auprès de sa dame de compagnie :

« Je suis tellement désolée. Cela veut dire que nous devons tous rentrer en Angleterre. Cela bouleverse les plans de tout le monde. »

«Mon père m'a appris que chacun de mes mots et chacun de mes actes resteraient gravés dans les mémoires.»

En 1952, elle fait son premier discours radiodiffusé de Noël : «Tous les Noëls, au même moment, mon regretté père s'adressait à son peuple, partout dans le monde. Je fais la même chose aujourd'hui puisque vous êtes mon peuple à votre tour.»

Voici le conseil que lui donna sa grand-mère, Mary,
lorsqu'elle monta sur le trône :

**« Les jours où tu apparais en public,
assieds-toi dès que tu peux,
et profite des toilettes chaque fois
que l'occasion se présente. »**

En 1957, lors de son discours de Noël :

« Je ne peux pas vous mener au combat, je ne rédige pas les lois et ne rends pas la justice, mais il y a autre chose que je peux faire : je peux vous donner mon cœur, et me vouer à ces îles qui forment notre patrie et à tous les peuples de nos nations sœurs. »

Un jour où la reine hésita à reprendre un deuxième verre de vin lors d'un déjeuner, la reine mère lui donna ce conseil :

« *N'oublie pas, ma chère fille, que tu dois régner tout l'après-midi.* »

À un député qui lui fit remarquer combien cela doit être fatigant de rencontrer tant d'inconnus, elle lui répondit avec humour :

« C'est moins dur que cela ne paraît. Je ne dois pas me présenter. Ils savent qui je suis. »

À propos des longues cérémonies :

«J'ai l'habitude d'être debout, c'est ce que j'ai fait, semble-t-il, toute la vie.»

À ce propos, en 1976, elle partagea avec Susan, l'épouse du nouveau ministre des Affaires étrangères, Anthony Crosland, sa technique pour se tenir droite pendant des heures :

«Il faut garder les pieds toujours parallèles. Assurez-vous que votre poids soit réparti uniformément. Il n'y a que ça à faire.»

Extrait du « Serment du Cap », discours radiophonique diffusé depuis l'Afrique du Sud le 21 avril 1947, le jour de ses 21 ans. Une promesse qu'elle honore aujourd'hui encore.

« Je déclare devant vous tous que toute ma vie, qu'elle soit longue ou courte, sera consacrée à votre service et au service de notre grande famille impériale à laquelle nous appartenons tous. »

Lors d'une remise de médailles à Buckingham, un employé du palais fit maladroitement tomber le coussin sur lequel les médailles avaient été soigneusement placées dans l'ordre où elles devaient être distribuées. Pour ne pas perdre de temps, la reine lui dit avec flegme :

« Replacez-les comme vous pouvez. Je vais leur donner n'importe quoi et vous réglerez le problème après. »

Le saviez-vous ? Selon la loi britannique, les prisonniers, au Royaume-Uni, sont détenus selon « le bon plaisir de Sa Majesté ».

Le prince Charles, à propos de sa préparation au poste de futur roi :

« On apprend sur le tas. Comme les singes, en observant ses parents. »

Reparties royales

L'un des agents de protection de la reine Elizabeth II raconta cette histoire au *Times.* Alors qu'elle se promenait près de son domaine de Balmoral, sa résidence d'été écossaise, vêtue d'une jupe longue à imprimé tartan, de chaussures marron et, surtout, d'un foulard noué autour du visage, elle croisa un groupe de touristes américains.

Ceux-ci lui demandèrent si elle habitait à proximité, ce qu'elle confirma. Les touristes voulurent alors savoir si elle avait déjà rencontré… la reine.

Elle se tourna alors vers Richard Griffin qui l'accompagnait et, désignant du doigt son responsable de la sécurité depuis plus de trente ans, elle répondit simplement :

« Non, mais ce policier l'a fait. »

Les Américains poursuivirent alors leur route sans se douter qu'ils venaient de croiser… la reine elle-même.

Voilà un bon résumé de l'humour de la souveraine. Pince-sans-rire, un humour très anglais, tout en raffinement.

Lors d'une visite d'État, elle fit un reproche à un garde du corps qui, pour la protéger, cachait le carrosse royal à la foule :

« Vous savez, je crois que c'est moi qu'ils sont venus voir. »

Alors que la ministre Clare Short participait à un comité restreint du Conseil privé en présence de la reine, son téléphone se mit à sonner. Rouge de honte, elle éteignit son portable avant qu'Elizabeth II ne s'exclame :

« J'espère que ce n'était personne d'important. »

Jeune mariée mais pas encore reine, Elizabeth fut invitée à une soirée chez Douglas Fairbanks Jr, un ami du couple, en compagnie du chanteur français, Maurice Chevalier. Après le repas, le chanteur interpréta quelques-uns de ses grands succès, puis s'interrompit, hésitant à interpréter certains morceaux un peu osés en présence de la princesse mais celle-ci le rassura :

« J'ai plus de vingt et un ans et je suis mariée à un marin. Je vous en prie, continuez. »

Dans les années 1980, lors d'une cérémonie, Margaret Thatcher découvrit, horrifiée, qu'elle portait la même tenue que la reine. La Premier ministre s'approcha alors de la souveraine et lui dit :

« Je suis vraiment désolée. La prochaine fois que nous assisterons ensemble à un événement, il faudra discuter de notre tenue. »

Réponse glaciale d'Elizabeth II :

« Je ne remarque jamais la tenue des autres. »

En avril 2005, à l'un de ses conseillers qui lui fit remarquer que le pape Benoît XVI, fraîchement élu, compte tenu de son âge, ne pourra être qu'un pape de transition, elle répliqua :

« Je vous rappelle qu'il est plus jeune que moi de six mois. »

Durant son second mandat, le président américain, George Bush Jr, se rendit à Buckingham. Prenant le thé avec la reine dans un des salons, il remarqua un plat en argent à trois pieds et lui demanda :

« À quoi sert ce plat ?
– J'espérais que vous me l'apprendriez, répondit la reine en souriant. C'est vous qui me l'avez offert. »

Après avoir assisté au concert des Everly Brothers lors de la Royal Variety Performance dans les années 1960, la reine se tourna vers sa dame de compagnie et lui confia :

« On dirait deux chats qu'on égorge. »

Sa Majesté ne perd ni son flegme, ni son humour même lors de circonstances compliquées. Ainsi, en 1986, après avoir reçu des œufs lors d'un bain de foule à Wellington, en Nouvelle-Zélande, elle déclara :

« Je préfère mes œufs de Nouvelle-Zélande au petit déjeuner. »

Lors d'une soirée, la reine lança perfidement à un courtisan tenant deux verres de vin à la main :

« L'assistance n'est quand même pas si ennuyeuse que cela ! »

En promenade dans un petit village d'Écosse, un homme s'approcha d'Elizabeth II et lui dit :

« Vous êtes le portrait craché de la reine. »

Ce à quoi Elizabeth II lui répliqua :

« Voilà qui me rassure ! »

Elizabeth II aime conduire et aime la vitesse. Trop, au goût du prince Abdallah d'Arabie Saoudite. Alors qu'elle le conduisait vers sa propriété de Balmoral en Écosse, en 1998, le prince demanda à son interprète :

« Dites à la reine que je l'implore de ralentir et de se concentrer sur la route devant elle. »

Rappelons que dans son royaume, les femmes ne sont autorisées à conduire que depuis quelques mois.

À propos de l'artiste Damien Hirst, star de l'art contemporain :

« Damien Hirst a utilisé des diamants pour réaliser un crâne orné de pierreries. Personnellement, je les préfère autour du cou. »

Au cours d'un dîner, l'écrivain Denys Rhodes, cousin par alliance de la reine, lui confia :

« Je viens de terminer mon roman. Il me faut simplement un titre. »

Elizabeth II, sourire aux lèvres, lui répondit :

« Je ne vois aucune raison de vous en accorder un. »

Malgré sa grande culture, la souveraine semble avoir fait l'impasse sur l'histoire du rock puisque c'est au Dieu vivant de la guitare, Eric Clapton, qu'elle posa cette question lors d'une réception à Buckingham Palace, en 2005 :

« Jouez-vous depuis longtemps ? »

En 1991, alors qu'elle rencontra la comédienne Prunella Scales, qui venait d'interpréter son propre rôle dans la pièce *A Question of Attribution*, elle lui dit en souriant :

« Vous pensez sans doute que c'est moi qui devrais m'incliner devant vous ? »

Around the world

Elizabeth II règne sur seize pays. Outre le Royaume-Uni (l'Angleterre, l'Écosse, le Pays de Galles et l'Irlande du Nord), elle est également reine des quinze États appartenant au Commonwealth : le Canada, l'Australie, la Nouvelle-Zélande, la Jamaïque, la Barbade, les Bahamas, Grenade, la Papouasie-Nouvelle-Guinée, les Îles Salomon, Tuvalu, Sainte-Lucie, Saint-Vincent-et-les-Grenadines, Antigua-et-Barbuda, le Belize et Saint-Christophe-et-Niévès. Elle aura, durant son long règne, fait plusieurs fois le tour du monde, en avion, en train ou en bateau, à bord de son yacht, le *Britannia*, pour visiter ses sujets aux quatre coins de la planète. Sans compter les plus de 130 voyages officiels et visites d'État. J'espère que vous n'êtes pas sujet au mal de mer et au *jet-lag*. Nous allons, dans ce chapitre, embarquer pour un tour du monde en compagnie de Sa Majesté Elizabeth II.

Lors de la première visite officielle de la reine Elizabeth II à Paris, en 1955, où elle fut accueillie par une foule en liesse, elle s'étonna auprès du prince :

« Comment est-il possible que le peuple français ait guillotiné un roi ? »

Début 1947, en voyage en Afrique du Sud, la jeune princesse écrivit à sa grand-mère :

« Quand j'ai vu pour la première fois la Montagne de la Table (Table Mountain), j'ai eu du mal à croire que quelque chose puisse être aussi beau. »

Devant les chutes du Niagara, elle lança cette réplique très britannique :

« Ça m'a l'air très humide. »

En 1981, le prince Charles et Lady Di souhaitaient, pour leur voyage de noces à bord du *Britannia*, faire escale à Gibraltar, minuscule territoire britannique contesté, à quelques encablures de l'Espagne. Plusieurs membres du gouvernement demandèrent à la reine de convaincre son fils de ne pas s'y rendre.
Réponse sèche de la souveraine :

« C'est mon fils, mon yacht, ma colonie ! »

À propos des relations entre la France et la Grande-Bretagne :

« Nous ne conduisons pas du même côté de la route, mais nous allons dans la même direction. »

Ou encore :

« La Manche n'est pas une ligne de partage mais un trait d'union. »

Lors d'une visite officielle au Belize, on servit à la reine du « paca », sorte de gros rongeur à rayures. Par politesse, celle-ci déclara que le goût n'était pas si éloigné de celui du lapin. Depuis, dans les restaurants dans ce petit pays d'Amérique centrale, le plat est appelé « Rat royal ».

En 1980, alors qu'elle assistait à une version revisitée du *Boléro* de Ravel par Maurice Béjart au Théâtre de la Monnaie à Bruxelles, une production ouvertement sensuelle et gay, elle confia à l'ambassadeur britannique :

« Ce n'est pas très approprié. »

En 1977, les relations entre la Grande-Bretagne et Amin Dada n'étaient pas au beau fixe. Idi Amin Dada, 1,98 mètre pour 126 kilos, père de 48 enfants et dictateur ougandais dans les années 1970, avait eu l'audace d'inviter la reine Elizabeth d'Angleterre à venir lui rendre visite en Ouganda « si elle voulait rencontrer un vrai homme. »

La même année, durant une messe pour son jubilé d'argent,
le Comte Mountbatten trouva la reine inquiète,
laquelle lui confia :

«Je me disais que ce serait affreux si Idi Amin Dada s'invitait malgré tout à la réception.
– Et que feriez-vous s'il venait ?
– J'attraperais l'épée d'apparat de la ville que le maire a placé devant moi et je lui donnerais de grands coups sur la tête. »

Le train royal offre
tout le confort nécessaire
pour un voyage agréable
avec des chefs cuisiniers,
des oreillers en dentelle…
… mais il est aussi régi
par une règle très stricte :
l'interdiction d'emprunter
des rails cahoteux à 7 h 30,
pendant l'heure du bain
de la reine.

En 1981, la reine s'est retrouvée coincée dans une tempête de neige près de Bristol et a dû frapper à la porte d'un Bed & Breakfast local. Le gérant, surpris, lui offrit son propre appartement au dernier étage !

The Royal Family

Elizabeth II règne non seulement sur son peuple mais aussi sur sa famille. Sa Majesté est la matriarche d'une tribu qui compte quatre enfants, huit petits-enfants et dix arrière-petits-enfants à l'heure où nous écrivons ces lignes. Et ce n'est pas chose aisée. Elle aura connu de nombreux divorces, tromperies, scandales en tous genres… rien n'aura été épargné à la reine. Rien que cette année, elle aura dû gérer les démêlés de son fils Andrew, empêtré dans l'affaire Epstein et l'émancipation du Prince Harry et de Meghan avant leur départ pour le Canada.

Le moins que l'on puisse dire, c'est que la reine n'a pas été une « maman gâteau ». Pour preuve, au retour d'une tournée de six mois de la reine et du duc dans le Commonwealth, entre 1953 et 1954, leur fils, le jeune Charles, 5 ans, les attendait avec impatience en bas de la passerelle. Ses parents passèrent alors devant lui, sans même lui jeter un regard. Bouleversé, le petit se jeta en larmes dans les jupes de sa grand-mère.

En pleine tempête médiatique autour des écarts de conduite de ses enfants, la reine donna en privé un semblant de justification, cité par le *Daily Mail* en 1989 :

«Comme toutes les meilleures familles, nous avons notre part d'excentricités, de jeunes impétueux et capricieux et de désaccords familiaux.»

La princesse Margaret à propos de sa sœur aînée :

« La reine est la seule personne qui soit capable de mettre un diadème d'une seule main en descendant un escalier. »

« Heureusement qu'il n'a pas les oreilles de son père », aurait-elle lâché la première fois qu'elle a vu le prince William bébé.

Le prince Harry à propos de sa grand-mère :

« Elle a une connaissance de l'armée incroyable pour une grand-mère, mais bon, j'imagine que c'est un peu son boulot. »

Pour Noël, le prince Harry offrit à la reine un bonnet de douche où il était inscrit « Chienne de vie », ce qui fît beaucoup rire la souveraine.

Confidence du prince William :

« Je l'ai appris tout petit : mieux vaut ne pas énerver sa grand-mère. »

Si le protocole veut que l'on s'adresse à Elizabeth II par « Your Majesty » en public, sa famille lui a trouvé de charmants surnoms en privé. Le prince William, le petit-fils de la reine, la surnomme affectueusement « Mama ». Pour le prince George et la petite princesse Charlotte, Elizabeth II est « Gan-Gan ». Le prince George aurait adopté ce surnom, n'arrivant pas à prononcer « Granny » (mamie) quand il était petit. Dans la sphère privée, le prince Philip l'appelle « Lilibet » (diminutif d'Elizabeth) et occasionnellement « Sausage » (saucisse).

« Le réseau de renseignement de la reine est bien meilleur que n'importe quel autre dans ce palais. Elle sait tout. Elle voit tout » selon son fils, le prince Andrew.

La reine mère était connue pour son humour osé. Après un concert donné au palais de Clarence House par l'harmoniciste Larry Adler, la reine mère demanda au musicien de voir son instrument de plus près. Puis elle lui confia, en lui faisant un clin d'œil :

« Personne ne me croira quand je dirai que j'ai tenu l'instrument de Larry Adler au creux de la main. »

Alors que Lady Di faisait la une de tous les magazines, la reine confia à un proche :

« Ma mère est une star. Ma bru également. Quelle place me reste-t-il ? »

La reine mère était une inconditionnelle de la série *Coronation Street*, une sorte de *Plus belle la vie* britannique, au point même qu'un jour, sa fille, la reine Elizabeth demanda à un évêque :

« Cela vous ennuierait-il beaucoup de repousser l'heure de l'office ? Maman veut absolument regarder son feuilleton. »

En 2008, le prince Andrew, fils cadet de la reine, confia à un journaliste du *Telegraph* que jouer au Monopoly en famille était rigoureusement interdit par la reine :

« Nous ne sommes pas autorisés à jouer au Monopoly à la maison. Ce jeu est source de disputes au sein de la famille, cela devient trop vicieux. »

Alors que son fils, le prince Andrew, part se battre lors de la guerre des Malouines, opposant la Grande-Bretagne à l'Argentine en 1982, la reine, comme toute mère, contacta le gouverneur des Malouines et lui demanda :

« Il n'aura pas froid, d'après vous ? Faut-il lui envoyer d'autres vêtements ? »

Elizabeth s'impatientant en attendant la naissance, en retard, de sa petite-fille, la princesse Beatrice, en 1988 :

« Ces satanés bébés ne sortent pas avant d'être fin prêts ! »

Pourquoi Elizabeth II n'enlève-t-elle aucune décoration de Noël avant le 6 février ? Chaque année, la famille royale britannique fête Noël en grande pompe. Un premier repas est d'abord organisé par la reine à Buckingham, avant qu'elle ne rejoigne Sandringham où elle a ses habitudes depuis soixante ans avec son époux. Mais chaque année, elle fait durer les festivités de Noël jusqu'au début du mois de février. La raison est, en réalité, bien triste : c'est le 6 février 1952 que son père, le roi George VI, est mort des suites d'un cancer du poumon. Il n'avait que 56 ans. Depuis, sa digne héritière tient à honorer sa mémoire chaque année. Tous les Noëls lui sont dédiés.

Kate ne savait pas quoi offrir
à Elizabeth II pour leur premier
Noël ensemble, ce qui peut
se comprendre. Elle décida
alors de lui concocter du chutney
maison. Le lendemain matin,
le pot trônait sur la table
du déjeuner, la meilleure façon
de montrer à la duchesse qu'elle
était acceptée comme membre
à part entière de la «firme».

Dernier feuilleton en date au Royaume-Uni, le « Megxit », la décision du prince Harry et de Meghan de prendre de la distance avec la famille royale. C'est un euphémisme que de dire que ce départ n'est pas du goût des Anglais comme en témoigne le très sérieux quotidien *The Times*, très dur avec la duchesse :

«Au Royaume-Uni, quand vous épousez un prince d'Angleterre, vous épousez 60 millions de personnes, cela fait partie du contrat. Or, là, les Britanniques ont le sentiment d'être floués. Ils ont le sentiment d'un caprice. Cette jeune femme a voulu un diadème, une robe longue, vivre la vie de princesse mais elle refuse maintenant d'en payer le prix.»

La reine par la reine

Derrière les fastes du protocole se cache une femme secrète, discrète, qui a su préserver une monarchie souvent dans la tourmente.

Véritable force de caractère et de la nature, elle est habitée par la fonction et n'abdiquera jamais… sauf grave pépin de santé. Lors du mariage de son petit-fils Harry, Elizabeth II avait fait cette injonction à l'égard du Prince Philip : « Keep waving » (Continue de saluer), une phrase qui résume à la perfection sa persévérance.

La reine ne s'épanche jamais en public et parle très peu d'elle. C'est pourquoi ces quelques confidences sont rares et précieuses.

« Si je portais du beige, personne ne saurait qui je suis. »

« C'est terrible. Si je ne souris pas, j'ai un genre de visage à l'air ronchon. »

En voyage en Australie, en 1954, Elizabeth regarda les photos de ses rendez-vous officiels, et s'exclama :

« *Mais je ne suis pas fâchée. Si vous essayez de sourire en permanence pendant deux heures, cela vous donne un tic nerveux !* »

« Je dois être vue pour être crue. »

Avec cette maxime, sa plus célèbre, elle donne la clef de son pouvoir : il est indispensable de se montrer en public pour garder la confiance de ses sujets.

Le 2 juin 1953, le couronnement de la reine était diffusé pour la première fois à la télévision en mondovision. Elle portait une robe de soie blanche brodée de végétaux emblématiques de ses pays du Commonwealth : la rose anglaise, le chardon d'Écosse, le poireau du Pays de Galles, le trèfle irlandais ainsi que la feuille d'érable canadienne.

Elizabeth, regardant avec Philip les images du mariage de Charles et Diana, en 1981.

« Oh regarde, j'ai mon visage de Miss Piggy ! »

En 1954, lors d'un discours de Noël à Auckland, en Nouvelle-Zélande :

« Quelques-uns ont exprimé le souhait que mon règne marque l'entrée dans une nouvelle ère élizabéthaine. Sincèrement, je me sens totalement différente de mon grand prédécesseur, Tudor, qui n'avait ni mari ni enfants en partage, qui gouvernait en despote et qui n'a jamais été capable de quitter son île. »

À propos de son journal intime que la reine rédige quotidiennement :

« Ce n'est pas vraiment un journal comme celui de la reine Victoria, ni aussi détaillé. C'est tout petit. C'est un peu comme se brosser les dents. »

À 80 ans, elle demanda à un dignitaire de l'Église anglicane :

« Vous prenez votre retraite ? Hum ! Moi, je ne le peux pas. »

La reine a beau être riche à souhait, elle déteste le gaspillage. Une fois, on lui servit pour le petit déjeuner des œufs brouillés au saumon fumé, accompagnés d'un citron entier. Elle renvoya le citron en cuisine avec ce message : « Quel gaspillage ! » Sans être pingre, le gaspillage horripile la reine. Dans ses châteaux, le chauffage est toujours au minimum et les lumières souvent éteintes.

Pour Elizabeth, l'Angleterre c'est elle, et elle est en quelque sorte l'Angleterre. Après un match de cricket remporté par l'équipe nationale anglaise, on l'entendit s'exclamer :

« Hourra ! J'ai gagné. »

La reine a, quoi que l'on en pense, des goûts très simples. En 1977, à ses ministres qui lui demandèrent le cadeau de la nation qu'elle aimerait recevoir pour son jubilé d'argent, elle répondit :

« Une cafetière. »

La reine, la campagne et ses animaux chéris

« Monter à cheval dans la campagne, assister aux courses hippiques, promener les chiens et s'intéresser à la danse folklorique écossaise », c'est ainsi que le site internet de Buckingham Palace décrit les loisirs champêtres de la souveraine. C'est vrai, les grandes passions de la reine sont la nature, la campagne et ses animaux. Si le destin ne l'avait pas poussée à devenir reine, elle se serait épanouie dans une grande ferme au milieu des larges terres écossaises.

Elizabeth II cultive une véritable passion pour les chevaux et les chiens. Elle a été la maîtresse d'une trentaine de corgis, sa race de chiens favorite. Elle a même été à l'origine de la création d'une nouvelle race de chiens, le « dorgi », issue du croisement entre un corgi et un teckel.

La reine est également propriétaire de chevaux, dont certains hérités de son père George VI. De magnifiques pur-sang qui ont gagné plus de 1 600 courses.

Entrons dans le jardin secret de la reine, enfilez, comme elle, vos bottes en caoutchouc, quittons Londres et partons respirer l'air pur de la campagne anglaise.

Tout au long de son règne, la reine a reçu de nombreux animaux en cadeau, dont des étalons mais aussi des poneys, des hippopotames nains, des jaguars, des paresseux, des castors, des kangourous, et même un crocodile. Ces animaux exotiques ont été confiés, en majorité, au zoo de Londres.

En vertu d'une tradition remontant au XIIe siècle, tous les cygnes du pays lui appartiennent.

Sa Majesté chouchoute ses chiens, ses corgis, elle leur donne elle-même leur pâtée, en général un mélange de viande fraîche et de croquettes préparé par le chef cuisinier du Palais. Un menu différent leur est servi tous les soirs à 17 heures précises et, selon la légende, les chiens attendent l'ordre de la reine pour commencer leur dîner.

«Posséder un cheval de course est une excellente raison de se ruiner.»

«Le golf me paraît une façon bien compliquée de se promener. Moi, je préfère sortir les chiens.»

La reine a de nombreuses résidences, une de ses préférées est le château de Balmoral en Écosse, où elle séjourne pour les vacances et à l'ouverture de la chasse.

« C'est agréable d'hiberner un peu quand on mène une existence aussi nomade. Pouvoir dormir six semaines dans le même lit, c'est un changement très appréciable. »

Bien qu'elle n'ait pas son permis de conduire (elle n'en a pas besoin), la reine a appris la conduite et la mécanique, en 1945, lorsqu'elle servait dans les forces auxiliaires de l'armée. Selon son instructeur, celle qui n'était pas encore reine « est très bonne conductrice, extrêmement prudente et attentive ». Avec l'âge, la reine, selon ses proches, aurait une conduite bien plus nerveuse et agressive… toujours sans permis ni ceinture de sécurité.

Petite, la jeune Elizabeth prenait déjà soin de ses chevaux :

« Si un jour je deviens reine, je ferai une loi qui interdira aux gens de monter le dimanche. Les chevaux ont le droit, eux aussi, à du repos. »

À propos de l'Écosse et de son château de Balmoral :

« On peut y faire de longues randonnées sans jamais voir personne. Il y a une multitude de promenades possibles. »

La seule association dont la reine est membre est le Women's Institute, un mouvement rural féminin fondé en 1915 pour « conserver une Angleterre verdoyante et aimable ». Un monde du passé où l'on s'échange des recettes de cuisine ou de confitures, où l'on organise des chorales chrétiennes et des clubs de tricot.

La reine est accro aux chevaux et aux courses. Elle lit, tous les matins, le *Racing Post*, un journal destiné aux turfistes. Des collaborateurs sont chargés d'enregistrer les courses hippiques à la télévision pour que la reine les regarde lorsqu'elle est disponible. Elle ne manquerait, sous aucun prétexte, le Meeting Royal d'Ascot.

Après avoir perdu son premier cheval, Monaveen, après une mauvaise chute dans un steeple-chase, la souveraine ne s'intéresse plus qu'aux courses à plat.

Sur les hippodromes, les couleurs d'Elizabeth II, et comme avant elle, celles de son père et de son arrière-grand-père sont :

casquette violette à galons dorés,
manches rouges et bombe
de velours noire à franges dorées.
Le prince Philip, lui, aime les
chevaux mais les courses l'ennuient
tellement qu'une fois, dans un
hippodrome, il cacha sous son haut-de-forme un transistor pour pouvoir
écouter la retransmission
d'un match de cricket.

À Balmoral, un valet de pied raconte que la reine aime, en fin d'après-midi, attraper des chauves-souris qui se logent sous le toit du château avec un filet à papillons pour les remettre en liberté.

En 1973, le gouverneur des Bermudes est assassiné alors qu'il promenait son chien. L'assassin, condamné à mort, demanda la clémence à la reine. Demande rejetée :

« Quel toupet de me le demander. Il a même tué le chien. »

En 1953, à quelques minutes de son couronnement, on demande à Elizabeth si elle se sent nerveuse. Réponse de la future reine :

« Bien sûr, mais je suis persuadée qu'Aureole va gagner. »

Aureole est sa jument qui devait participer au Derby d'Epson quelques jours plus tard.

Le prince Harry à propos de sa femme Meghan et de sa relation avec les chiens de la reine, sa grand-mère :

« Ils m'ont aboyé dessus pendant trente-deux ans et elle, rien ! »

Racontant à un ami une anecdote de chasse :
« J'étais en train de ramasser le gibier après les tirs, comme je le fais toujours, quand un faisan blessé m'a griffé au sang. Mon agent de sécurité a cru que j'avais reçu une balle. Il s'est jeté sur moi et s'est mis à me faire du bouche-à-bouche. Je peux dire que nous nous sommes connus d'assez près. »

Sa passion pour les chevaux est telle qu'outre son époux et son secrétaire particulier, seuls le directeur de ses écuries et l'entraîneur de ses pur-sang ont le numéro de son téléphone portable et ont le droit de l'appeler à tout moment.

Même si elle préfère les chiens aux chats, pour ses 16 ans, soit 100 ans en années chat, Flook, un chat de race birmane, a reçu de la reine un télégramme de félicitations.

Elizabeth II possède un élevage de pigeons voyageurs dans sa propriété de Sandringham et est tenue informée de leurs résultats lors des concours.

Tenez-vous-le pour dit. Quand un corgi mord les mollets d'un valet ou d'un invité, ce n'est jamais de la faute de ses chiens. C'est parce que la victime lui aura fait peur !

En 1976, lors d'un voyage officiel de Valéry Giscard d'Estaing en Angleterre, la reine lui offrit Samba, un beau labrador noir. Depuis, l'ex-chef d'État s'adresse à ses labradors en anglais :

« Ce n'est pas du snobisme, c'est juste qu'ils sont de souche anglaise » explique VGE.

En 2006, le jour où elle a anobli le président de la Premier League, l'équivalent de la Ligue 1 de football en France, la reine demanda à David Richards :

« Le football est une entreprise difficile et ne sont-ils pas des prima donna ? Mais c'est un jeu merveilleux ! »

L'ancien Premier ministre britannique, Tony Blair, raconta un week-end passé en Écosse, invité chez les Windsor :

«Vous allez croire que je plaisante, mais pas du tout. Ils mettent des gants en caoutchouc et plongent leurs mains dans l'évier. La reine vous demande si vous avez terminé, elle empile les assiettes les unes sur les autres et va elle aussi se poster devant l'évier pour faire la plonge.»

Invitée en week-end à Balmoral comme chaque année, Margaret Thatcher était toujours mal à l'aise car n'aimant pas la campagne. Un jour, un valet demanda à la reine si la Premier ministre participera à une randonnée :

« À mon avis,
vous allez constater
que Mrs Thatcher
ne marche que
dans la rue,
répondit
la souveraine. »

Oh, shocking !

En Grande-Bretagne, le crime de lèse-majesté n'a pas été appliqué depuis plus de cent ans. En cas d'offense à la reine ou de faux pas devant elle, vous ne risquez plus de vous retrouver enfermé dans les geôles de la Tour de Londres mais vous avez des chances de croiser le regard noir de la souveraine. Et, selon de nombreux témoignages, il est très intimidant. Dans ce chapitre, vous trouverez de nombreuses anecdotes sur des impairs et maladresses, commis en présence de la souveraine. *So shocking !*

Alors que la reine, en coulisse, rencontra l'humoriste Tommy Cooper, celui-ci lui demanda :

« Aimez-vous le football ?
– Non, pas vraiment, lui répondit la souveraine.
– Dans ce cas, ça vous embêterait de me donner vos billets pour la finale de la Coupe ? »

En 1978, alors qu'ils étaient en voyage officiel en France, les époux Ceausescu ont littéralement pillé l'hôtel *Marigny*, résidence des hôtes étrangers de la France. Malheureusement, le constat des vols se fit après le départ des visiteurs. Le chef du protocole évalua à plusieurs millions de francs le butin emporté par le chef d'État roumain. Des ornements furent arrachés, des lampes, des vases et même de la robinetterie disparurent dans les bagages du « Génie des Carpates ». Les choses en restèrent là mais le président Giscard d'Estaing, qui n'ignorait pas que les Ceausescu allaient se rendre en visite officielle en Grande-Bretagne, prit la précaution de téléphoner à la reine Elizabeth pour l'avertir de l'arrivée du couple susceptible de dévaliser le palais de Buckingham. Ce fut alors l'état d'alerte à Londres où la reine fit mettre sous clé tout ce qui était précieux dans l'appartement prévu pour les Ceausescu.

Une fois arrivés à Londres, le dictateur roumain, Nicolae Ceausescu, et son épouse, Elena, dormirent à Buckingham. La reine fit tout pour éviter au maximum les contacts avec ses hôtes. Alors qu'elle se promenait dans les jardins, apercevant le couple présidentiel roumain en train de marcher dans sa direction, Elizabeth II se cacha dans un buisson pour éviter de devoir leur faire la conversation.

« Nemo Me Impune Lacessit » (Personne ne me touche avec impunité). Le protocole est très strict, personne ne doit toucher la reine. Quand le Premier ministre australien Paul Keating eut l'audace de lui poser la main sur le dos, il eut droit à un regard assassin qui, dit-on, l'ébranle encore.

En 2014, lors d'une discussion avec le milliardaire américain, Michael Bloomberg, au siège de la société de l'ancien maire de New York, David Cameron (alors Premier ministre) livra à son interlocuteur des échos de conversations privées avec la reine Elizabeth II… sans se préoccuper des caméras et microphones aux alentours. Après avoir confié que la reine « ronronnait » de plaisir à l'issue du référendum sur l'indépendance de l'Écosse, il dut prendre son téléphone pour s'excuser platement auprès de la souveraine.

En 1991, la reine se rendit seule, à bord de sa berline, au Royal Windsor Horse Show. À l'entrée du parking VIP, l'agent de sécurité ne la reconnut pas :

« Désolée, ma petite dame, mais il faut un macaron pour entrer.

– Je pense que si vous vous renseignez, répondit la reine en souriant, on vous dira que je peux entrer. »

En avril 1960, Charles de Gaulle, accompagné de son épouse Yvonne, retourna en Angleterre. Après y avoir séjourné de longs mois au cours de la Seconde Guerre mondiale, le militaire français se rendit cette fois-ci au Royaume-Uni en tant que président de la République française. En leur honneur, la reine Elizabeth II et son époux le prince Philip organisèrent un grand banquet au palais de Buckingham. L'histoire de cette soirée, qui se transmet depuis de longues années chez nos voisins insulaires, raconte qu'Yvonne de Gaulle, au cours du dîner officiel, se vit demander par l'un des convives ce qu'elle attendait avec le plus d'impatience en vue de sa proche retraite. Maîtrisant modestement la langue anglaise, Madame de Gaulle tenta alors de répondre, en anglais, « le bonheur ».

Sauf qu'en omettant de prononcer le « h » du mot « happiness », celle-ci prononça un son ressemblant fâcheusement à « a penis » (un pénis). Stupeur dans l'assistance ! Avant même que quiconque ait le temps de relever la bourde ou de laisser échapper un rire, Elizabeth II volât à la rescousse de son invitée. Tout à fait consciente du quiproquo, la souveraine lança à haute voix : « Ah ! Happiness ».

Il arrive à la reine de perdre
son flegme légendaire. En 1973,
au cours d'une visite officielle,
lors de sa réception au château
de Windsor, l'épouse du chef
d'État zaïrois Mobutu emmena
son chien préféré à l'insu
des douanes britanniques
qui étaient alors intraitables
sur la quarantaine des animaux
domestiques à cause de la rage.
Paniquée, la reine fit évacuer
ses corgis du château.
Lors du repas, la femme
de Mobutu fit un esclandre
en exigeant un steak pour son chien.

Furieuse, la reine en personne
appela le directeur de la douane
britannique au téléphone
et exigea que le chien de son hôte
soit mis en quarantaine.

Lors d'un banquet organisé pour les chefs des États du Commonwealth, Justin Trudeau, qui pensait bien faire en prononçant un discours en l'honneur de la reine, rappela qu'il était le 12e Premier ministre canadien qu'elle avait connu depuis ses premières visites au Canada à l'âge de 9 ans, en 1935. Elle lui répondit alors :

« Merci, Monsieur le Premier ministre du Canada, de me faire sentir si vieille. »

En juillet 1982, un harceleur réussit à s'introduire dans la chambre de la reine pendant son sommeil. Cette nuit-là, elle fut réveillée par Michael Fagan, un brave monsieur pas très net qui avait escaladé la grille et la façade de Buckingham Palace pour se glisser dans sa chambre. Quand elle ouvrit les yeux, Michael était sur son lit en train de se vider de son sang après s'être entaillé la main. Elle dut alors lui faire la conversation pendant dix longues minutes et écouter ses passionnantes histoires… sur ses enfants et son boulot en attendant que les secours n'arrivent enfin !

« 1992 n'est pas une année dont je me souviendrai avec un plaisir inaltéré. Selon les mots de l'un de mes correspondants les plus sympathiques, elle s'est avérée être un annus horribilis. »
Cette formule, à présent célèbre, fut prononcée lors du message de Noël 1992, année au cours de laquelle sa fille Anne divorça, ses deux fils, Charles et Andrew annoncèrent la séparation d'avec leurs épouses respectives, et année où son château adoré de Windsor fut dévasté par un incendie.

Dans le documentaire *Ballade pour une reine* de Don Kent, réalisé pour la chaîne Arte, Denis Mc Shane, un ancien ministre du gouvernement Blair, raconte une de ses pires bévues :

–J'ai fait une horrible gaffe quand j'étais ministre. J'ai dit à un ami écrivain que j'avais vu la reine une semaine auparavant et que je trouvais ses jambes – pardon, c'est une remarque un peu sexiste –, mais que je trouvais ses jambes superbes pour son âge. Et cet homme en a aussitôt fait un article stupide pour le publier dans un hebdomadaire. Les ministres ne sont pas censés répéter quoi que ce soit sur la reine, ce qu'ils voient ou ce qu'ils entendent à propos d'elle. Mon cœur s'est arrêté. J'étais transi de peur. J'ai immédiatement appelé Buckingham Palace pour parler à son secrétaire privé, son directeur de cabinet. J'en bégayais. Je me suis confondu en excuses auprès de Robert [Fellowes] : Je suis tellement, tellement, tellement désolé.

– Denis, calme-toi, répondit son secrétaire particulier. Sa Majesté est ravie. Aucun ministre n'a eu des mots aussi gentils pour elle depuis des années. »

Après avoir inauguré une exposition de nus en Norvège, elle confia avoir veillé à l'angle de vue des photographes pour « ne pas être photographiée entre une de ces paires de grosses cuisses ».

Une anecdote, racontée par Roselyne Bachelot, notre ancienne ministre de la Santé :

« Pour vous, j'ai une petite histoire… C'est la visite officielle de Jacques Chirac à Londres. Il est dans la calèche avec la reine, et tout d'un coup le cheval qui tire la calèche lâche un énorme pet. La reine s'excuse auprès de Jacques Chirac, et Jacques Chirac lui dit "Ce n'est pas grave, je croyais que c'était le cheval." »

Maurice Bernardet, célèbre chroniqueur hippique du siècle dernier, raconta qu'un jour, lors du Derby d'Epsom, en Grande-Bretagne, il avait misé une somme rondelette sur un cheval français, Relko. Le cheval gagna le Derby et, fou de joie, Bernardet descendit l'escalier qui le ramenait de son poste de commentateur aux loges VIP en criant à l'adresse d'un collègue :

« Ce soir, j'invite la reine à dîner. »

La reine mère, sortant de sa loge à ce moment-là, lui dit dans un excellent français :

« – Dans ce cas, Monsieur, je vous recommande de bien choisir le restaurant car ma fille, la reine Elizabeth est très gourmande. »

Un jour, alors que la reine avait invité des ecclésiastiques à venir prendre le goûter chez elle, le valet apporta des petits gâteaux et là, ce fut le drame. Un des convives eut le malheur de se servir l'un des gâteaux sans attendre le signal de la reine. Sa Majesté le laissa faire et attendit que l'impoli finisse son gâteau pour lui apprendre que ce plateau de mignardises n'était pas destiné aux invités mais aux chiens de la reine mère.

En février dernier, le site de la famille royale a voulu faire la promotion de l'association caritative galloise, Dolen Cymru, une association parrainée par le prince Harry.

Pour aider à sa promotion, le site royal affichait le lien vers le site de l'association. Seulement, petit problème, le lien renvoyait en réalité vers une émission de sexe en direct... ce qui n'a pas dû être du goût de la reine.

En 2018, Donald Trump passa les troupes britanniques en revue en devançant la reine. Un total manque de respect... peu étonnant, compte tenu de la goujaterie du personnage.

Le quotidien *The Times* a révélé, il y a quelques mois, une anecdote racontée par un garde du corps et qui fait froid dans le dos. On ne sait pas quand cela s'est passé mais, un soir, la monarque s'est lancée dans une balade nocturne à Buckingham Palace. C'est là qu'elle aurait frôlé la mort. Alors qu'il faisait une ronde de sécurité, un ancien de ses gardes, face à une ombre suspecte, aurait failli l'assassiner.

« Qui va là ? aurait-il alors crié avant de s'apercevoir que c'était la reine. J'étais à deux doigts de vous tirer dessus, Votre Majesté, s'exclama-t-il alors, confus. »

Mais Elizabeth II dédramatisa rapidement la situation.

« –Tout va bien (…) La prochaine fois, je vous ferai sonner à l'avance, comme cela, vous n'aurez pas à me tirer dessus, aurait-elle ironisé. »

Le 13 juin 1981, alors que la reine participait au « Trooping the Colour », la cérémonie du Salut au drapeau, un jeune déséquilibré, armé d'un pistolet, tira six balles à blanc en direction de la reine. En amazone sur sa jument, la cavalière réussit à maîtriser sa monture et à ne pas tomber. Modeste, elle déclara :

« Ce ne sont pas les coups de feu qui l'ont terrorisée, mais ma propre cavalerie. »

En vertu de la loi sur les hautes trahisons, le jeune homme fut condamné à cinq ans de prison ferme.

Le couple royal

En 1946, le jeune et beau Philip Mountbatten demande celle qu'il surnomme Lilibeth en mariage. La jeune Elizabeth, éperdument amoureuse de son futur prince, aurait accepté la demande sans même en parler à son père, le roi George VI. Et pour cause, le futur époux de la reine n'était pas un beau parti. D'origine grecque, il est issu d'un schéma familial compliqué et sa fortune était modeste. Sa mère, diagnostiquée schizophrène, fut placée dans un asile et son père, vivant à Monte Carlo, était plus intéressé par le jeu et les jeunes femmes que par ses enfants. Le prince grandit alors auprès de sa grand-mère et de son oncle, en Grande-Bretagne.

Si cette union déplaît à la famille Windsor, elle n'est pas non plus du goût de celle de Philip, ses quatre sœurs ayant épousé des dignitaires nazis. Mais n'en déplaise à leurs familles respectives, ils se marièrent le 20 novembre 1947 à l'abbaye de Westminster. Philip devint alors duc d'Édimbourg. Après plus de 70 ans de mariage et malgré de nombreuses crises, il reste le seul à pouvoir, d'une grimace ou d'un geste tendre, redonner le sourire à la reine.

À 13 ans, Elizabeth était déjà fort éprise du jeune Philip. Après avoir passé une journée à jouer au tennis avec lui, elle se confia à sa nurse, Miss Crawford :

« Quel garçon étonnant ! Comme il est souple ! Comme il saute haut ! »

Un peu plus tard dans l'adolescence, Elizabeth conservait près de son lit une photo de Philip, alors marin dans la Royal Navy. Arborant une longue barbe sur le cliché, elle confia à une femme de chambre, à propos de ses parents réticents à cette liaison :

« Ils ne le reconnaîtront jamais ! »

Le jeune couple dut attendre les 21 ans d'Elizabeth pour pouvoir enfin se fiancer.

Durant la Seconde Guerre mondiale, la princesse Elizabeth ne se séparait jamais d'une mystérieuse écharpe turquoise, un cadeau de Noël de son prétendant.

Alors que le futur prince, marin, était en mission durant cinq mois au large de l'Afrique du Sud, la jeune Elizabeth lui écrivit tous les jours. Mais, celui-ci, n'aimant guerre écrire, ne lui envoya que quelques mots, de temps à autre. Vexée, la princesse décida de ne plus donner suite à ces échanges. Le roi George VI convoqua alors sa fille et lui dit :

« Vous devez comprendre que votre amour intéresse aussi l'État. Une future reine n'a pas le droit de bouder. Vous devez pardonner. »

Pour son mariage, la future reine, consciente que l'état financier du pays était exsangue après la guerre, exigea que le tissu de sa robe de mariée soit acheté avec des coupons de rationnement.

Winston Churchill dira, à propos du mariage de la princesse Elizabeth et du prince Philip :

« C'est un flash de couleurs sur la route difficile qui est la nôtre. »

Au lendemain de son mariage, la reine confia, à propos du prince :

« Nous nous comportons comme si nous nous appartenions l'un et l'autre depuis des années. »

Même si le couple qu'elle forme depuis si longtemps avec le prince Philip est un mariage réussi et harmonieux, comme dans tout couple, il y a eu des scènes de ménage mémorables. En mars 1954, en visite en Australie, le journaliste Loch Townsend et son équipe de tournage furent témoins d'une scène pour le moins cocasse :

« La porte s'est ouverte, le prince Philip est sorti en courant, suivi par une raquette et une paire de chaussures de tennis volant dans les airs. Puis la reine est apparue, elle a crié en direction de son mari en lui intimant l'ordre de faire demi-tour. Elle a fini par le traîner à l'intérieur du chalet, la porte s'est refermée en claquant. »

En 1972, lors des noces d'argent du couple royal, elle commença ainsi son discours :

« Je pense qu'aujourd'hui tout le monde me l'accordera : c'est le moment ou jamais de commencer un discours par "Mon mari et moi." »

Pendant qu'ils pique-niquaient dans l'un des cottages du domaine de Balmoral, Philip fit gicler un tube de moutarde et tacha le plafond.

« Arrête ça, veux-tu ! s'agaça la souveraine, je viens juste de faire repeindre ! »

Parmi les milliers de présents reçus par la famille royale lors du mariage d'Elizabeth, on trouva un épluche-pommes de terre, un panier en raphia et plus de pièces de vaisselle et d'argenterie qu'il ne serait humainement possible d'en utiliser en une seule vie.

Elizabeth, pourtant si pudique, fit une déclaration d'amour magnifique à son époux le prince Philip, à l'occasion de leurs noces d'or, le 50e anniversaire de leur mariage, en 1997 :

« Il a, tout simplement, été ma force et mon soutien durant toutes ces années. Je lui dois, ainsi que toute ma famille, ce pays et bien d'autres, une dette plus grande qu'il ne la réclamera et que nous ne connaîtrons jamais. »

En 1957, parti seul pour une tournée dans le Commonwealth, le prince Philip en profita pour se faire pousser la barbe. Elizabeth suivant dans les journaux sa pérégrination, l'attendit, le jour de son retour au palais, affublée d'une fausse barbe.

À propos du couple, un conseiller de la reine confia :

« Ils ne sont pas démonstratifs sur le plan physique, mais ils ont une relation très forte. Aujourd'hui encore, le visage de Sa Majesté s'illumine lorsqu'il entre dans la pièce et elle devient plus douce, plus légère et plus heureuse. »

Les perles du prince Philip

Le prince Philip fut, toute sa vie, un pilier, un roc pour la reine. Par amour pour elle, il renonça à sa nationalité grecque et à ses anciens titres nobiliaires. Philippe de Grèce prit le nom de Philip Mountbatten, il embrassa l'anglicanisme et, même sa date d'anniversaire changea avec le passage du calendrier géorgien au calendrier julien.

Son rôle fut particulier dans le grand théâtre de la monarchie britannique. Sa fonction, épauler la reine, être son conseiller personnel et vivre dans l'ombre de son épouse. Une mise en retrait difficile pour cet ancien marin qui n'a rien d'un homme au caractère effacé. Depuis le couronnement de son épouse, le duc d'Édimbourg a prononcé plus de 5 000 discours, écrit 13 livres, et a secondé la reine dans chacune de ses visites officielles. Il est également le parrain de plus de 800 associations.

Désormais retiré de la vie publique, le prince Philip, 99 printemps, s'est «illustré» par de nombreuses remarques, toutes plus potaches et politiquement incorrectes les unes que les autres, voire carrément racistes. Autant de gaffes qui lui valent encore le surnom de «Wince Philip» (Philip la grimace). En voici un florilège.

Selon la légende familiale, le duc d'Édimbourg est né en 1921 sur la table de la salle à manger de la résidence de ses parents, sur l'île grecque de Corfou. Son père était le frère cadet du roi Constantin de Grèce.

En 1952, alors que la reine lui annonça que pour sauvegarder la tradition, leurs enfants porteront le nom de Windsor et non celui de Mountbatten, il déclara, amer :

« Je suis le seul homme du pays à ne pas pouvoir transmettre son nom à ses enfants. Je suis une espèce d'amibe. »

« Je commence invariablement une conversation par des propos flatteurs de sorte que l'on me pardonne si, par pur hasard, je fais une gaffe ensuite. »

« La podoplatologie est l'art de mettre les pieds dans le plat, que je pratique depuis de nombreuses années. »

Lors d'une visite en Australie, en 2002, il interrogea un aborigène :

« Vous vous battez toujours à coups de lances ? »

« Je suis une sorte de travailleur indépendant. J'agis en fonction de ce que je pense que les gens attendent (...) Quelle que soit la réalité de l'influence dont je dispose, je veux la mettre au profit de mon pays. Mais il y a manière et manière de le faire, et il va sans dire qu'il en est certaines auxquelles je suis invité à ne pas recourir. »

« Où est-ce que tu as eu ce chapeau ? »

aurait-il demandé à son épouse lors de son couronnement.

Un conseil du prince Philip à son fils, le prince Charles, avant son mariage avec Diana :

« Faites des enfants et restez fidèles pendant cinq ans. Puis, si le couple ne va pas, vous prendrez une maîtresse. »

Aussi surprenant que cela puisse paraître, le duc d'Édimbourg est un vrai *geek*. Il fit installer le téléphone dans sa voiture dès 1953 et, avant même le lancement du premier ordinateur Macintosh, en 1984, il acquit le tout premier PC mis en vente par la société de Steeve Job.

Résumant sa place dans la famille royale :

« Il est plus prudent de ne pas être trop populaire ; la chute est moins rude. »

« Je ne dois ma renommée qu'à une chose : je détiens le record du nombre de visites d'installations technologiques. Mon métier depuis quarante ans. Je peux me vanter d'avoir été le premier à faire gouzi-gouzi à une puce électronique. »

En 1963, alors qu'il visitait une exposition d'art primitif éthiopien :

« Ça ressemble beaucoup à ce que ma fille pourrait rapporter de ses cours d'arts plastiques à l'école. »

En visite au Québec, le prince, pourtant francophone, s'agaça :

« Je ne comprends rien à ce qu'ils disent. Ils n'articulent pas. »

Lors d'une cérémonie, on le présenta à un couple d'Australiens. L'homme lui expliqua que son épouse, médecin, était quelqu'un de plus important que lui. Réponse du duc :

« Ah oui, on a le même problème dans la famille. »

À propos de la décoration un peu tape à l'œil de la nouvelle maison du prince Andrew et de sa femme, Sarah Ferguson :

« On dirait une maison close. »

Le jour de la naissance de son premier fils, le prince Charles, il déclara :

« Je n'ai jamais été aussi heureux de voir un pénis. »

Si ça ne pète pas ou ne mange pas du foin, elle n'est pas intéressée, lâcha-t-il à propos de sa fille aînée, la princesse Anne, ancienne championne d'Europe de concours complet d'équitation par équipe, en 1971.

« Quand un homme ouvre la porte de la voiture à sa femme, c'est qu'il s'agit soit d'une nouvelle voiture soit d'une nouvelle femme. »

Pendant la récession, de 1981, il confia à propos d'un groupe de chômeurs :

« Je ne comprends pas : d'abord ils disent qu'ils veulent plus de loisirs, et maintenant ils se plaignent d'être sans emploi. »

« Mais comment faites-vous pour convaincre les gens du coin d'arrêter de boire le temps de passer leur permis ? »

demanda celui qui porte le titre de duc d'Édimbourg à un moniteur d'auto-école en Écosse, en 1995.

« Tu ne pourras jamais voler là-dedans, tu es trop gros. »,

affirma-t-il, en 2001, à un adolescent de 13 ans qui rêvait de devenir astronaute.

Rencontrant le chanteur Tom Jones après l'un de ses concerts en 1969, il lui demanda :

« Avec quoi vous gargarisez-vous ? Des graviers ? »

Ajoutant ensuite, en privé :

« J'ai beaucoup de mal à comprendre comment on peut gagner des fortunes en chantant des chansons qui, pour moi, sont franchement horribles. »

Vraiment pas fan de musique pop, le prince ironisa en apprenant que Madonna allait interpréter la chanson titre du dernier James Bond, *Meurs un autre jour*.

« Devons-nous prévoir des boules Quiès ? »

« Ah, c'est vous qui conduisez cette voiture horrible ? On la voit souvent en allant au château de Windsor. » ,

lança-t-il à Elton John, qui sera anobli en 1998.

À une jeune femme qui venait de lui offrir des fleurs, en 1984 au Kenya, il demanda, sans gêne :

« Merci Madame… Vous êtes bien une femme, n'est-ce pas ? »

« On dirait que vous êtes prêt à aller au lit ! »,

dit-il, en 2003, au président nigérian, Olusegun Obasanjo, vêtu d'une tenue traditionnelle de son pays.

« Vous êtes tous de la même famille ? »,

demanda-t-il à une troupe de danseurs noirs en 2009.

En 1986, lors d'une rencontre avec des étudiants britanniques en stage en Chine, il leur recommanda :

« Ne restez pas trop longtemps, sinon vous allez avoir des yeux bridés. »

Sur la Chine, toujours :

« Si ça a quatre pattes mais que ce n'est pas une chaise, si ça a deux ailes et que ça vole mais que ce n'est pas un avion, et si ça nage mais que ce n'est pas un sous-marin, les Cantonais vont le manger. »

En 2013, à des infirmières philippines travaillant dans un hôpital au Royaume-Uni :

« Les Philippines doivent être à moitié vides, vous faites toutes fonctionner ici le NHS (le service de santé public britannique). »

Un ami de Philip le complimenta sur son épouse :

« Elle a un teint magnifique ! Je n'avais jamais remarqué. »

Réponse du prince :

« – Et tu n'as vu que ses joues ! »

À propos de l'admiration des Français pour la reine :

« Vous adorez la monarchie des autres après avoir abrogé la vôtre. »

En 1993, croisant un ressortissant britannique en Hongrie :

« Vous ne pouvez pas avoir vécu ici aussi longtemps, vous n'avez pas de ventre bedonnant. »

Lors d'un déplacement en Australie, en 1998, il demanda à un étudiant de retour de randonnée en Papouasie-Nouvelle-Guinée :

« Vous avez donc réussi à ne pas vous faire manger ? »

En 1999, le duc d'Édimbourg visita une entreprise dans la capitale écossaise. Repérant une boîte à fusibles mal câblée, il lâcha :

« On dirait qu'elle a été montée par un Indien. »

Un journaliste demanda à Phil Dampier, spécialiste de la famille royale, ce qu'il considérait comme le plus beau faux pas dans la carrière du duc d'Édimbourg. Celui-ci évoqua la cérémonie d'Indépendance du Kenya en 1963 :

« Philip y représente la Grande-Bretagne. Alors que l'Union Jack est sur le point d'être abaissé, il se penche vers le père de l'Indépendance, Jomo Kenyatta, et lui demande : "Êtes-vous sûr de vouloir poursuivre sur cette voie ?" »

Lors d'un dîner d'État à Santiago du Chili en novembre 1968, le prince s'étonna de voir Salvador Allende se présenter en simple costume et lui en fit la réflexion.

« Mon parti est pauvre, lui rétorqua l'intéressé. On m'a conseillé de ne pas louer d'habit.
– Et si l'on vous avait dit de venir en maillot de bain, je suppose que vous l'auriez fait aussi ? répliqua, sèchement, le duc. »

Exaspéré, lors d'un voyage officiel au Canada en 1969 :

« Nous ne sommes pas venus ici pour nous refaire une santé. Nous connaissons de meilleures façons de nous amuser. »

Lorsqu'on lui présenta Michael Bishop, le président de la chaîne de télévision privée Channel 4 :

« Alors, c'est vous le responsable de toute cette merde que diffuse Channel 4 ? »

« Le problème, à Londres, ce sont les touristes. Les embouteillages, c'est à cause d'eux. Si on supprimait le tourisme, on supprimerait les embouteillages. »

« Quand on voyage aussi souvent que nous, on est sensible aux progrès réalisés sur les avions en termes de bruit et de confort, enfin, à condition de ne pas voyager dans ce truc appelé "classe économique" qui doit être vraiment horrible ! »

En 1997, lors d'un discours à Hanovre, il s'adressa au chancelier Helmut Kohl en le gratifiant d'un « Reichskanzler », « chancelier du Reich », le titre que s'était attribué Adolf Hitler.

En 1967, il déclara :

« J'aimerais beaucoup aller en Russie, bien que ces salopards aient assassiné la moitié de ma famille. »

En visitant la Nasa, le prince n'était visiblement pas convaincu par le programme Apollo :

« À mon avis, c'est le meilleur moyen de gaspiller de l'argent. Je ne suis pas sûr que les placements sur la Lune rapportent beaucoup de dividendes. »

Par la suite, il suivit avec passion et émotion les premiers pas de l'homme sur la Lune.

À propos de sa longévité, il déclara en 2011 :

« Je crois que c'est en grande partie grâce au nombre de toasts portés à ma santé durant toutes ces années que je suis encore en forme et que j'ai atteint cet âge étonnamment avancé. »

C'est un euphémisme que de dire que le prince n'est pas un amoureux des chats. En visite, en 1965, sur l'île d'Anguilla, lors de la visite d'une association œuvrant pour la préservation des tourterelles, il déclara :

« Les chats tuent beaucoup plus d'oiseaux que les hommes. Pourquoi n'avez-vous pas un slogan du style : tuez un chat, vous sauverez un oiseau ? »

« Le seul sport intensif que je suis est le polo, mais c'est le cheval qui fait presque tout le boulot. »

En 1957, cinq minutes après avoir prononcé un discours sur la sécurité routière, le prince emboutit sa voiture.

À la directrice d'un hôpital antillais, il fit cette comparaison :

« Vous avez les moustiques, et moi j'ai la presse. »

À un groupe de malentendants placé à proximité d'une fanfare lors d'un déplacement à Cardiff, il demanda :

« Vous êtes sourds ? À voir qui vous avez à côté de vous, rien d'étonnant ! »

« Je n'ai jamais droit à de la cuisine maison, on ne me sert que des trucs de luxe. »

En 2000, alors que le Premier ministre italien, Giuliano Amato, lui proposa de lui faire déguster les meilleurs vins italiens, il répondit :

« Je me fiche pas mal des crus, donnez-moi donc une bière ! »

En 1966, devant les représentantes du Women's Institute :

« Les ménagères britanniques sont incapables de faire la cuisine. »

Alors qu'un journaliste lui demanda s'il portait des sous-vêtements à pois, il répondit :

« Je serais prêt à mettre quasiment n'importe quoi du moment que c'est la bonne taille. »

À propos du début du règne de son épouse et de son rôle dans la « firme » :

« Il y avait là une foule de gens qui me disaient tout ce que je ne devais pas faire : « vous ne devez pas vous mêler de ceci », « restez à l'écart de ça »… Je devais essayer de soutenir la reine du mieux que je le pouvais, mais sans jamais être au milieu. La difficulté, c'était de trouver des choses utiles à entreprendre. »

Le matin de son mariage, le futur prince confia à ses proches :

« Je dois être très bête, ou alors très courageux. »

En plein essayage de robes, la reine interpella le prince Philip qui passait dans le couloir, et sollicita son avis sur celle créée à partir d'un tissu jacquard. Le duc d'Édimbourg se contenta de demander à la reine s'il s'agissait là de « la nouvelle texture pour le sofa ? », avant de reprendre son chemin comme si de rien n'était.

En 1954, en visite en Australie, le prince Philip souhaitant nager sur la barrière de corail alors que la reine, n'aimant ni les plages, ni les grosses chaleurs, préférait rester sous le parasol :

« Allez, viens, il n'y a personne ! Ne te conduis donc pas comme une grand-mère avant l'âge ! »

Revenant sur les rumeurs concernant son infidélité :

« La presse en parlait comme si j'avais couché avec toutes ces femmes. J'aurais aussi bien fait d'en profiter. »

En 1994, alors en visite aux îles Caïmans,
il lança à un habitant :

« Vous descendez presque tous de pirates, non ? »

« Les gens s'imaginent qu'en Grande-Bretagne, le système de classes est complètement verrouillé, mais on a vu des ducs épouser des choristes, voire des Américaines. »

En 2002, alors que le Prince visitait une maison de la culture où était réuni un groupe de jeunes Bangladais, il s'approcha du groupe et leur demanda :

« – Alors, qui se drogue parmi vous ? »

Puis, montrant un jeune adolescent du doigt, il ajouta :

« – Lui, là, il m'en a tout l'air. »

Faisant, de façon très maladroite, un parallèle entre la consommation de viande et la chasse :

« À mon avis, une prostituée n'a pas davantage de moralité qu'une épouse. Pourtant, elles font bien la même chose. »

Alors que les époux royaux rencontrèrent Stephen Menary, victime d'une bombe de l'IRA qui l'avait rendu malvoyant, la souveraine lui demanda à quel point sa vue était détériorée.

« Pas qu'un peu, intervient le prince, à en juger par la cravate qu'il porte. »

En 1992, alors qu'un journaliste l'interrogea sur sa vie :

« Honnêtement, j'aurais largement préféré rester dans la Navy. »

Bibliographie

Elizabeth II. Dans l'intimité du règne – Isabelle Rivère (Fayard)
Mémoires – Tony Blair (Albin Michel)
Elizabeth II, la dernière reine – Marc Roche (La Table Ronde)
Elizabeth II - Une vie, un règne – Marc Roche (Texto)
Elizabeth II – Jean des Cars (Perrin)
La Saga des Windsor – Jean des Cars (Tempus)
La Véritable Margaret d'Angleterre – Bertrand Meyer-Stabley (Pygmalion)
La Reine Elizabeth II – Sally debell Smith et Elisa Rodriguez (Équateurs)
Archives de la BBC

Duke of Hazard : The Wit and Wisdom of Prince Philip – Phil Dampier et Ashley Walton (Book Guild Publishing Ltd)
Le sketch de Nicolas Sarkozy – Éric Mandonnet (*Express* du 5 octobre 2010)
Sacrés British ! – Dossier de l'*Express* du 18 décembre 2019
Une fillette perd son doudou à Buckingham – *Le Soir* du 20 septembre 2019
Elizabeth II : les chiffres incroyables sur la reine d'Angleterre ! – *France Dimanche* du 21 avril 2016
Spécial investigation de Canal+, les Windsor racontés par leurs domestiques, diffusé le 1er juillet 2013
Ballade pour une reine de Don Kent - Arte

Cet ouvrage est composé de matériaux issus
de forêts gérées durablement certifiées PEFC™.
Le Programme de reconnaissance
des certifications forestières (PEFC™)
est le plus grand organisme mondial indépendant
de contrôle pour une gestion durable des forêts.
Pour en savoir plus, consultez le site
www.pefc-france.org

PEFC™ PEFC/14-38-00277

Achevé d'imprimer en octobre 2020
par Novoprint
Dépôt légal : novembre 2020
Imprimé en Espagne